# ISELDER

LLYFR AM

GAN

HOLLY DUHIG

*Llyfr am Iselder*
Cyhoeddwyd yng Nghymru yn 2022 gan Graffeg.

Graffeg Cyf., 24 Canolfan Busnes Parc y Strade, Heol Mwrwg, Llangennech, Llanelli, Sir Gaerfyrddin SA14 8YP. www.graffeg.com

Cyhoeddwyd gyntaf yn 2021 gan BookLife Publishing Ltd, King's Lynn, Norfolk PE30 4LS dan y teitl *A Book about Depression*. © 2021

Awdur: Holly Duhig
Golygydd: Kirsty Holmes
Dylunydd: Danielle Jones
Dylunydd yr argraffiad Cymraeg: Joana Rodrigues

ISBN 9781802583311

Cyhoeddwyd gyda chymorth ariannol Cyngor Llyfrau Cymru www.gwales.com

Cadarnhawyd bod yr holl ffeithiau ac ystadegau yn y llyfr hwn yn ddilys ac yn gywir adeg ysgrifennu'r llyfr hwn.

Argraffwyd yn Tsieina TT03032023

MIX
Paper | Supporting responsible forestry
FSC® C016973
www.fsc.org

Gyda diolch i Place2Be am gymeradwyo'r llyfr hwn.

**Datblygwyd y llyfr hwn i gefnogi athrawon a chwnselwyr mewn ysgolion i archwilio iechyd meddwl disgyblion. Mae tîm clinigol Place2Be, elusen genedlaethol flaenllaw ym maes iechyd meddwl plant, wedi ei adolygu a'i gymeradwyo.**

## CYDNABYDDIAETH LLUNIAU

# CYNNWYS

Mae esboniad o eiriau sy'n edrych fel **HYN** yn yr eirfa ar dudalen 31.

# BETH YW ISELDER?

Cyflwr iechyd meddwl yw iselder sy'n achosi i bobl deimlo'n drist iawn am gyfnod hir. Mae llawer o bobl yn teimlo'n drist weithiau – pan fydd eu hoff dîm chwaraeon yn colli gêm, neu pan fydd ffrind yn symud i ysgol newydd. Dydy'r teimladau hyn ddim yn rhai braf, ond rhai **DROS DRO** ydyn nhw a fydd yn diflannu yn y pen draw.

## Cymharu teimlo'n drist â theimlo'n isel

Mae iselder yn debyg i dristwch, ond mae'n para'n hirach ac mae'n fwy **DWYS** a chymhleth o lawer na dim ond bod mewn hwyliau gwael. Mae iselder yn gallu achosi teimladau o anobaith, diffyg **CYMHELLIANT** (heb awydd gwneud dim byd), diflastod a dagrau yn ogystal â thristwch. Weithiau bydd digwyddiad penodol, fel rhywun annwyl yn marw, yn achosi'r iselder ond yn aml iawn, does dim byd penodol yn ei achosi. Pan fydd iselder arnat ti, mae'n gallu teimlo fel nad oes gobaith gen ti o wella, ond mae'n bosib ei drin. Fel arfer mae **THERAPYDD** yn helpu i drin iselder. Mae therapyddion yn arbenigo ar drin cyflyrau iechyd meddwl ac maen nhw'n dysgu pob math o ffyrdd i ti ymdopi â dy deimladau.

YN Y DEYRNAS UNEDIG, MAE TUA 4% O BLANT 5–16 OED YN BYW GYDA GORBRYDER NEU ISELDER.

4

Un disgrifiad cyffredinol o iselder yw tristwch dwys sy'n para'n hir, ond mae pobl yn teimlo sawl emosiwn arall pan fyddan nhw'n isel eu hysbryd. Mae teimlo'n ddig, **WEDI EU GWRTHOD**, yn unig, yn euog neu'n annheilwng i gyd yn gallu bod yn rhan o deimlo'n isel. Mae'r emosiynau hyn yn ei gwneud hi'n anodd i bobl weld y pethau da amdanyn nhw eu hunain a'u bywydau.

Yn aml, mae pobl ag iselder yn cael eu hannog i feddwl meddyliau hapusach. Ond dydy gwella o iselder ddim mor hawdd â hynny. Mae iselder yn salwch ac fel unrhyw salwch arall, mae gwella yn gallu cymryd amser. Yn fwy na hynny, mae iselder yn ei gwneud hi'n anoddach i bobl feddwl yn gadarnhaol a phrofi emosiynau cadarnhaol.

Bydd iselder yn effeithio ar lawer o bobl ar ryw adeg yn eu bywydau. Bydd rhai'n profi un **CYFNOD** o iselder yn ystod eu hoes ac yna'n gwella, gydag eraill yn profi sawl pwl o iselder. Mae'r bobl hynny'n aml yn cymryd meddyginiaeth o'r enw gwrthiselydd (*anti-depressant*) i'w helpu i reoli eu hiselder.

MAE 5% O BOBL Y BYD YN BYW GYDAG ISELDER.

# SYMPTOMAU ISELDER

Anhwylder hwyliau yw iselder, sy'n golygu ei fod yn effeithio'n bennaf ar dy hwyliau a dy feddyliau a dy deimladau. Ond mae hefyd yn gallu effeithio ar dy ymddygiad. Er enghraifft, mae llawer o bobl sydd ag iselder yn osgoi cymryd rhan mewn gweithgareddau roedden nhw'n arfer eu mwynhau. Dyma rai o symptomau emosiynol iselder:

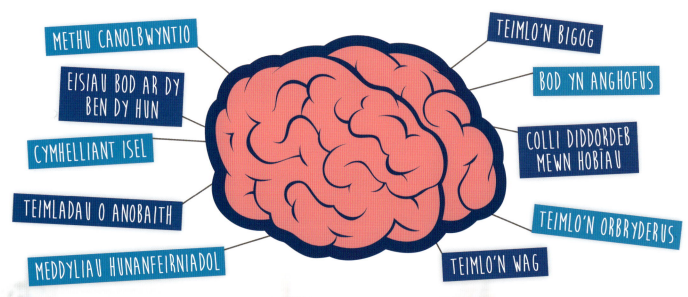

METHU CANOLBWYNTIO

EISIAU BOD AR DY BEN DY HUN

CYMHELLIANT ISEL

TEIMLADAU O ANOBAITH

MEDDYLIAU HUNANFEIRNIADOL

TEIMLO'N BIGOG

BOD YN ANGHOFUS

COLLI DIDDORDEB MEWN HOBÏAU

TEIMLO'N ORBRYDERUS

TEIMLO'N WAG

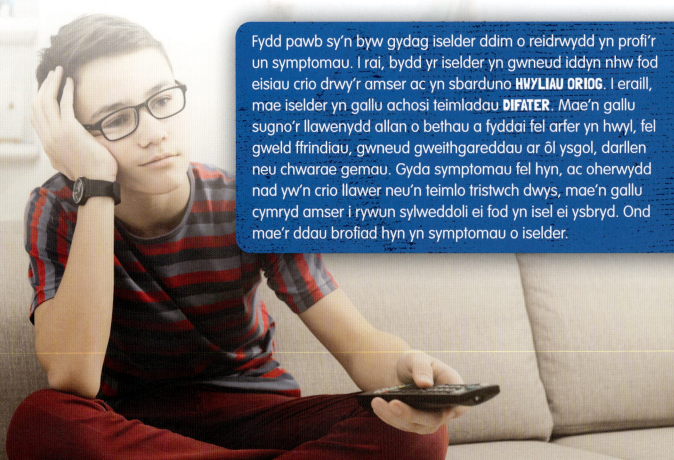

Fydd pawb sy'n byw gydag iselder ddim o reidrwydd yn profi'r un symptomau. I rai, bydd yr iselder yn gwneud iddyn nhw fod eisiau crio drwy'r amser ac yn sbarduno **HWYLIAU ORIOG**. I eraill, mae iselder yn gallu achosi teimladau **DIFATER**. Mae'n gallu sugno'r llawenydd allan o bethau a fyddai fel arfer yn hwyl, fel gweld ffrindiau, gwneud gweithgareddau ar ôl ysgol, darllen neu chwarae gemau. Gyda symptomau fel hyn, ac oherwydd nad yw'n crio llawer neu'n teimlo tristwch dwys, mae'n gallu cymryd amser i rywun sylweddoli ei fod yn isel ei ysbryd. Ond mae'r ddau brofiad hyn yn symptomau o iselder.

## Symptomau corfforol iselder

Mae llawer o symptomau iselder yn effeithio ar ein meddyliau, ond mae iselder yn gallu effeithio ar ein cyrff hefyd. Dyma rai o symptomau **CORFFOROL** iselder:

Yn union fel mae pobl yn gallu profi symptomau emosiynol gwahanol, mae pobl hefyd yn gallu profi symptomau corfforol gwahanol. Mae rhai pobl ag iselder yn awchu am fwyd, ac eraill ddim eisiau bwyta o gwbl. Mae gwyddonwyr yn meddwl bod iselder yn arafu **SYSTEM DREULIO** y corff, sy'n gallu achosi i bobl deimlo'n sâl neu fynd i'r toiled yn amlach neu'n llai aml nag arfer. Mae hefyd yn gallu achosi i bobl golli eu harchwaeth a methu prydau bwyd, sy'n ei gwneud hi'n anoddach fyth i ymdopi â theimladau o iselder. Mae hyn oherwydd bod ein hymennydd yn defnyddio **GLWCOS** o'n bwyd i weithio. Os nad ydyn ni'n bwyta digon, dydy'r ymennydd ddim yn cael digon o glwcos. Mae hynny'n effeithio ar ein gallu i reoli ein hemosiynau yn ogystal â'n gallu i ganolbwyntio ar dasgau bob dydd.

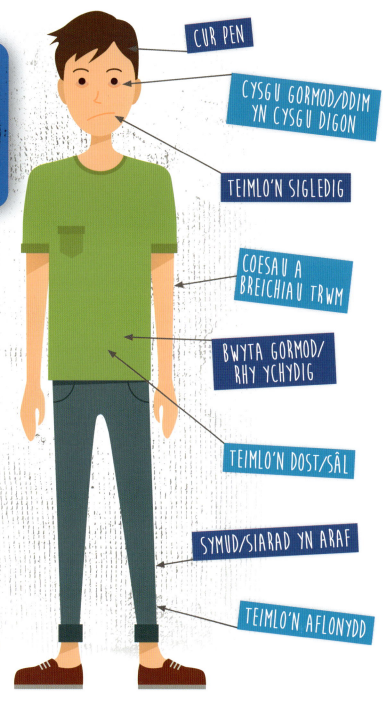

CUR PEN

CYSGU GORMOD/DDIM YN CYSGU DIGON

TEIMLO'N SIGLEDIG

COESAU A BREICHIAU TRWM

BWYTA GORMOD/ RHY YCHYDIG

TEIMLO'N DOST/SÂL

SYMUD/SIARAD YN ARAF

TEIMLO'N AFLONYDD

TRWY OFALU DY FOD DI'N BWYTA TRI PHRYD Y DYDD, O LEIAF, AC YN YFED DIGON O DDŴR, RWYT TI'N HELPU'R CORFF A'R MEDDWL I DEIMLO'N WELL.

# SALWCH ANWELEDIG

Mae gan afiechydon corfforol, fel brech yr ieir, symptomau gweladwy fel smotiau neu frech sy'n dangos dy fod di'n sâl/yn dost. Yn aml, ychydig iawn o arwyddion gweladwy sydd gan gyflyrau iechyd meddwl, fel iselder, i awgrymu dy fod di'n ddi-hwyl. Weithiau, bydd arwyddion gweladwy iselder yn cael eu camgymryd am arwyddion o flinder neu o fod yn ddi-hwyl. Felly, dydy pobl ddim yn ystyried iselder fel salwch yn aml, gan feddwl ei fod o'n rhywbeth hawdd dod drosto. Ond dydy hynny ddim yn wir. Mae iselder yn salwch fel unrhyw salwch arall, ond yn salwch sy'n effeithio'n bennaf ar yr ymennydd.

MAE CADW DY YMENNYDD YN IACH YR UN MOR BWYSIG Â CHADW GWEDDILL Y CORFF YN IACH.

Mae gwaith ymchwil wedi dangos bod rhannau penodol o ymennydd pobl ag iselder yn wahanol i bobl heb iselder. Er enghraifft, mae'r hipocampws – y rhan o'r ymennydd sy'n delio â chof ac emosiwn – yn crebachu mewn pobl sydd wedi profi iselder **DIFRIFOL**. Fodd bynnag, mae gwyddonwyr hefyd wedi gweld ei bod yn bosib i'r hipocampws adfer a thyfu celloedd ymennydd newydd pan fydd rhywun yn gwella o iselder.

HIPOCAMPWS

MAE ISELDER YN AML YN CAEL EI ALW'N SALWCH ANWELEDIG.

MAE SEROTONIN YN HELPU I GARIO NEGESEUON O UN GELL YN YR YMENNYDD I UN ARALL.

## Gwyddor iselder

Mae llawer o waith ymchwil gwyddonol wedi bod i iselder, i ddysgu mwy am sut mae'n effeithio ar yr ymennydd a sut mae'n bosib ei drin. Mae llawer o wyddonwyr yn credu mai anghydbwysedd **CEMEGION** yn yr ymennydd sy'n achosi iselder, yn enwedig cemegion sy'n effeithio ar ein hwyliau. Er enghraifft, mae rhai astudiaethau wedi dangos bod gan bobl sy'n isel eu hysbryd yn aml lai o gemegyn o'r enw serotonin. Hwn sy'n anfon negeseuon o amgylch ein hymennydd ac yn helpu i sefydlogi ein hwyliau. Mae rhai meddyginiaethau i drin iselder yn cynyddu faint o serotonin sydd rhwng celloedd unigol yr ymennydd.

Er bod gwyddonwyr yn gwneud eu gorau glas i ddarganfod beth yn union sy'n achosi iselder, y gwir yw nad oes neb yn gwybod yn iawn. Yn aml, mae iselder yn taro pobl am bob math o resymau. Efallai fod rhai o'r rhain yn ymwneud â chemeg ymennydd unigolyn, ond gallai iselder daro hefyd oherwydd digwyddiadau bywyd anhapus a phrofiadau anodd fel colli anwyliaid, cael eu bwlio neu dyfu i fyny.

DANGOSWYD BOD RHAI MATHAU **GENYNNOL** O ISELDER, GAN GYNNWYS ANHWYLDER DEUBEGWN (GWELER TUDALEN 18). MAE HYN YN GOLYGU EU BOD YN GYFFREDIN MEWN TEULUOEDD A BOD RHIENI YN EU TROSGLWYDDO I'W PLANT.

# ISELDER?

## BWLIO

I rai, mae iselder yn digwydd heb ddim rheswm o gwbl, ond i eraill mae'n digwydd oherwydd pryderon a digwyddiadau bywyd sydd wedi achosi gofid iddyn nhw. Er enghraifft, bydd llawer o blant ac oedolion yn profi iselder ar ôl cael eu bwlio. Mae bwlio'n gallu gwneud i bobl deimlo'n ofnus, yn drist, yn unig ac yn ddiwerth hyd yn oed. Mae'n bosib i bobl fwlio eraill yn gorfforol – drwy eu taro neu eu gwthio – neu **AR LAFAR** – drwy alw enwau arnyn nhw a lledaenu sïon amdanyn nhw. Mae cael dy adael allan a dy anwybyddu hefyd yn fath o fwlio.

MAE WILLIAM, TYWYSOG CYMRU, YN GWEITHIO GYDA'I ELUSEN, THE ROYAL FOUNDATION, I ATAL BWLIO. YMA, MAE'R TYWYSOG YN CEFNOGI AP O'R ENW SABA. GRŴP O FYFYRWYR A GYNLLUNIODD YR AP SY'N HELPU POBL I GODI LLAIS YN ERBYN BWLIO.

Mae bwlio'n gallu achosi iselder oherwydd ei effaith ar ein hunan-werth, sef sut rydyn ni'n ein gweld ein hunain, a'r hyn rydyn ni'n ei hoffi ac yn ei gasáu amdanon ni ein hunain. Mae pobl yn cael eu bwlio am bob math o bethau, ond mae bwli yn aml yn pigo ar bobl ar sail y pethau sy'n eu gwneud nhw'n wahanol. Mae hyn yn gallu bod yn ergyd i hunan-werth a gwneud i'r person deimlo'n dda i ddim.

Pan mae ein hunan-werth ni'n isel iawn, gallwn ddechrau teimlo'n isel ein hysbryd. Pan wyt ti'n cael dy fwlio, efallai y byddi di'n teimlo'n bryderus am y diwrnod i ddod. Efallai y bydd hi'n anodd i ti godi yn y bore. Mae'n gallu gwneud i ti fod â chywilydd o fod yn ti dy hun. Mae'r holl deimladau hyn yn gallu gwneud yr iselder yn waeth.

Mae llawer o oedolion a phlant yn isel eu hysbryd pan maen nhw'n cael eu bwlio, ond mae'n bosib i'r iselder aros am amser hir ar ôl i'r bwlio stopio. Mae diffyg hunan-werth yn gallu achosi llawer o feddyliau hunanfeirniadol. Gydag amser, mae'r meddyliau hyn yn gwasgu arnat ti ac yn gwneud i ti fod yn fwy tebygol o gael iselder yn y dyfodol.

MAE ASTUDIAETHAU'N DANGOS BOD POBL IFANC YN EU HARDDEGAU SY'N CAEL EU BWLIO DDWYWAITH YN FWY TEBYGOL O BROFI ISELDER FEL OEDOLION.

WYT TI'N GALLU MEDDWL AM BUM PETH RWYT TI'N EU HOFFI AMDANAT TI DY HUN? BETH AM WNEUD RHESTR?

Os wyt ti neu rywun rwyt ti'n ei adnabod yn cael eich bwlio, dyweda wrth oedolyn rwyt ti'n ymddiried ynddo – dyma sydd orau. Bydd yn gallu dy helpu i ddelio â'r bwlio neu i ofalu bod yr un neu'r rhai sy'n dy fwlio di yn cadw draw. Paid â derbyn y pethau cas mae'r bwli yn eu dweud. Tria feddwl am gymaint o resymau ag y medri di pam mae'r bwli yn anghywir.

# DELWEDD CORFF

Delwedd corff yw sut rwyt ti'n gweld dy gorff dy hun ac mae'n gallu cael effaith fawr ar dy hwyliau. Mae rhai pobl yn hoffi'r hyn maen nhw'n ei weld wrth edrych yn y drych – delwedd corff gadarnhaol yw hyn, ac mae'n beth da iawn. Dydy pobl eraill ddim mor hoff o'r hyn maen nhw'n ei weld – delwedd corff negyddol yw hyn. I rai, mae delwedd corff yn effeithio cymaint arnyn nhw, maen nhw'n mynd i deimlo'n isel.

MAE DELWEDD CORFF YN YMWNEUD MWY Â SUT RYDYN NI'N TEIMLO Y TU MEWN NA SUT OLWG SYDD ARNON NI O'R TU ALLAN.

Mae llawer o bethau yn gallu effeithio ar ddelwedd corff. Wrth i ni heneiddio, mae ein cyrff yn tyfu ac yn newid, felly mae sut rydyn ni'n gweld ein cyrff yn gallu newid. Mae'n bosib y byddwn ni hefyd yn dechrau cymharu ein hunain â phobl rydyn ni'n eu gweld ar y **CYFRYNGAU** ac ar-lein – er enghraifft, enwogion, blogwyr neu ein ffrindiau. Ond mae'n bwysig cofio bod y pethau rydyn ni'n eu gweld ar y cyfryngau cymdeithasol yn aml yn cael eu golygu a dydyn nhw ddim yn dangos gwir **AMRYWIAETH** y golwg sydd ar bobl. Os wyt ti'n dechrau newid dy arferion bwyta neu'n osgoi rhai gweithgareddau oherwydd dy fod di'n poeni am sut olwg sydd arnat ti, mae'n bryd trafod dy deimladau â rhywun rwyt ti'n ymddiried ynddo.

MAE CADW EIN CYRFF A'N MEDDYLIAU'N IACH YN BWYSICACH O LAWER NA'R GOLWG SYDD ARNON NI.

## Galar

Weithiau bydd pobl yn drist ar ôl i rywun farw – galar yw'r enw ar hyn. I rai, mae galar yn para am gyfnod hir ac yn troi'n iselder. Hefyd, fe allet ti deimlo'n iawn am ychydig ac wedyn datblygu iselder dipyn o amser ar ôl i rywun farw. Fel arfer, mae hyn yn arwydd dy fod wedi methu prosesu dy deimladau ar y pryd a'u bod nhw wedi dod i'r golwg ychydig yn ddiweddarach. Y peth gorau i ti ei wneud yw siarad â rhywun.

Pan fydd rhywun agos atat ti yn marw, gall dod i delerau â hyn fod yn anodd iawn. Efallai dy fod di'n profi llawer o deimladau fel tristwch, dicter, euogrwydd neu unigrwydd; neu'n teimlo'n ddig wrth ffrindiau a pherthnasau neu wrth y byd o dy gwmpas am adael i bethau drwg ddigwydd. Mae hyd yn oed yn bosib y byddi di'n ddig gyda ti dy hun neu gyda'r person sydd wedi marw am dy adael di. Mae hyn i gyd yn gwbl normal a fydd o ddim yn para am byth. Hefyd, gall galar wneud i ti deimlo'n unig ac yn drist iawn. Efallai y byddi di'n crio llawer neu'n teimlo'n wag. Mae galar fel arfer yn gwella gydag amser.

MAE LLAWER O THERAPYDDION WEDI EU HYFFORDDI I HELPU POBL I DDELIO Â'U GALAR.

# DDIDEIMLAD

Does dim rheswm am iselder bob tro. I rai, mae'n digwydd a dyna fo, oherwydd salwch yw iselder, ac yn union fel peswch neu annwyd, mae'n gallu taro unrhyw un. Does dim angen rheswm i fod yn isel dy ysbryd. Mae llawer o oedolion a phlant ag iselder yn clywed does ganddyn nhw 'ddim rheswm' i deimlo'n isel oherwydd bod pobl eraill mewn sefyllfaoedd gwaeth na nhw.

Dydy hyn ddim yn help o gwbl – mae'n gallu gwneud i rywun deimlo'n euog am fod yn isel, a hynny yn ei dro yn gwneud yr iselder yn waeth byth. Mae pobl yn methu gwneud dim ynghylch eu teimladau, a does dim ffordd benodol y dylen ni 'deimlo'. Does dim byd o'i le ar beidio â theimlo'n iawn bob amser.

OS OES ISELDER AR RIANT NEU OFALWR, DANGOSA DY FOD DI YNO I'W HELPU. OS WYT TI'N UNIG, DYWED WRTH RYWUN. SIARADA Â RHYWUN ARALL SY'N GOFALU AMDANAT TI NEU AG AELOD ARALL O'R TEULU.

Y disgrifiad arferol o iselder yw tristwch dwys, ond yn aml iawn, mae'n teimlo fel dim byd. Mae'n gallu gwneud i ti fod yn **DDIDEIMLAD** sy'n ei gwneud hi'n anodd malio am ddim byd. I bobl sydd â ffrindiau neu berthnasau ag iselder, mae'n gallu bod yn anodd iawn ei ddeall. Mae'n bosib y byddi di'n teimlo nad ydyn nhw'n hidio amdanat ti mwyach, ond dydy hynny ddim yn wir. Weithiau, mae pobl ag iselder wedi bod yn hidio cymaint am gyfnod mor hir, maen nhw'n methu mynegi'r teimladau hynny. Mae fel petai eu hymennydd nhw wedi rhewi.

Mae iselder yn gallu teimlo fel bod â meddwl niwlog lle mae hyd yn oed y pethau lleiaf, fel bwyta neu gael bath, yn teimlo'n ddibwrpas ac yn llethol. Y peth anoddaf am deimlo fel hyn yw y bydd y pethau pwysig, fel gofyn am help, yn teimlo'n ddibwrpas, yn ogystal â bod y tasgau bach yn anodd eu gwneud.

Dydy gofyn am help byth yn ddibwrpas, ac mae sawl ffordd o wneud hynny. Dyma i ti rai. Beth am:

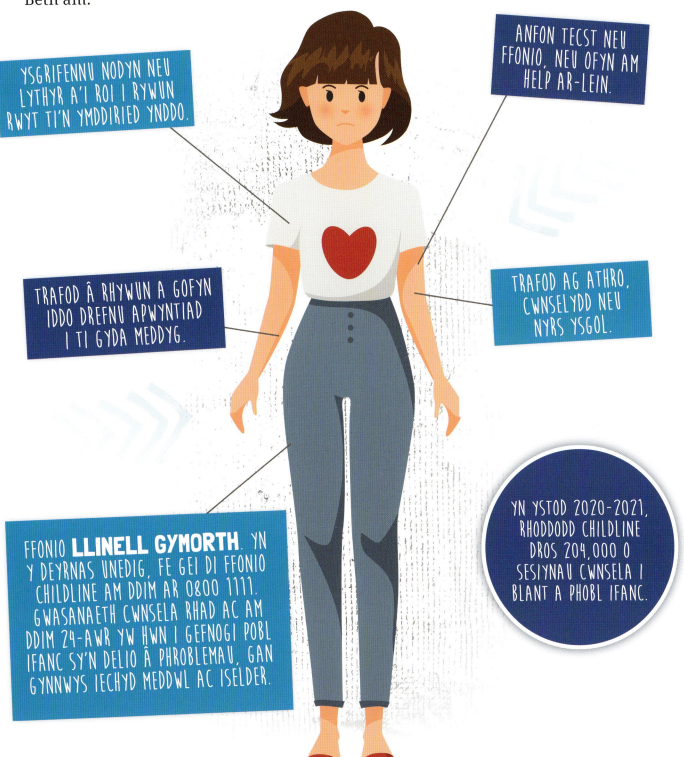

YSGRIFENNU NODYN NEU LYTHYR A'I ROI I RYWUN RWYT TI'N YMDDIRIED YNDDO.

ANFON TECST NEU FFONIO, NEU OFYN AM HELP AR-LEIN.

TRAFOD Â RHYWUN A GOFYN IDDO DREFNU APWYNTIAD I TI GYDA MEDDYG.

TRAFOD AG ATHRO, CWNSELYDD NEU NYRS YSGOL.

FFONIO **LLINELL GYMORTH**. YN Y DEYRNAS UNEDIG, FE GEI DI FFONIO CHILDLINE AM DDIM AR 0800 1111. GWASANAETH CWNSELA RHAD AC AM DDIM 24-AWR YW HWN I GEFNOGI POBL IFANC SY'N DELIO Â PHROBLEMAU, GAN GYNNWYS IECHYD MEDDWL AC ISELDER.

YN YSTOD 2020-2021, RHODDODD CHILDLINE DROS 204,000 O SESIYNAU CWNSELA I BLANT A PHOBL IFANC.

HYD YN OED OS NAD YW'N TEIMLO FELLY NAWR, MAE DY IECHYD A DY LES DI'N BWYSIG A DYDY GOFYN AM HELP BYTH YN DDIBWRPAS.

# ASTUDIAETH ACHOS: MEGAN

Megan ydw i. Y llynedd, bu farw Mam-gu yn sydyn iawn. Roedd hi'n byw drws nesaf i ni felly roeddwn i'n mynd draw yn aml ac yn ei helpu i baratoi swper. Ar ôl iddi farw, roeddwn i'n drist ofnadwy. Roedd Mam yn gwneud ei gorau i wneud i fi deimlo'n well ond roedd hi'n drist hefyd oherwydd bod Mam-gu yn fam iddi hithau.

Ar ôl angladd Mam-gu, doeddwn i ddim yn crio gymaint, ond doeddwn i ddim yn teimlo'n iawn o hyd. Ar ôl ychydig fisoedd, roeddwn i'n meddwl am Mam-gu yn llai aml, ond yn dal i fod yn drist. Roedd yn teimlo fel petai pwysau mawr ar fy ysgwyddau i a doedd gen i ddim awydd gwneud dim byd ond gorwedd ar fy ngwely. Roeddwn i am i bawb adael llonydd i fi. Doedd gen i ddim awydd bwyta cinio na swper – doedd bwyd heb ei goginio gan Mam-gu ddim yr un peth.

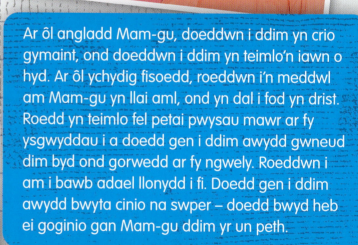

Yn yr ysgol, roedd popeth yn ormod i fi. Roedd y gwaith yn fy nrysu a doeddwn i ddim yn gweld rheswm i gael marciau da. Roeddwn i'n cael cur pen yn gyson ac yn gorfod mynd i weld y nyrs ysgol yn aml.

Fe soniais i wrth Mam am y cur pen ac roedd hi'n meddwl efallai fod rhywbeth o'i le ar fy ngolwg i. Fe aeth hi â fi at yr **OPTEGYDD** ond doedd dim byd o'i le ar fy llygaid i, felly aeth Mam â fi at feddyg. Gofynnodd y meddyg sut hwyl oedd arna i. Soniais wrthi am y cur pen ac am deimlo'n drist ac eisiau bod ar fy mhen fy hun. Gofynnodd i fi a oedd rhywbeth wedi digwydd i 'ngwneud i'n drist, felly dyma fi'n sôn wrthi am Mam-gu yn marw, er bod hynny wedi digwydd ers talwm.

Dywedodd y meddyg 'mod i'n galaru a bod galar yn gallu cymryd amser hir iawn. Soniodd hefyd efallai fod iselder arna i ond bod modd ei wella. Wedyn, fe fuon ni'n siarad â Graham – cwnselydd teulu sy'n arbenigo ar helpu plant sydd ag iselder. Weithiau, mae Mam yn dod i weld Graham gyda fi. Dro arall, dwi'n ei weld ar fy mhen fy hun. Dwi'n dechrau teimlo ychydig yn well nawr, a dydw i ddim yn cael cymaint o gur pen. Gyda help Graham, dwi'n gobeithio y bydda i'n dal i wella hefyd.

MAE GRAHAM YN GOFYN I MI GADW DYDDIADUR I GOFNODI FY NHEIMLADAU.

# ISELDER

Mae gan rai pobl fathau penodol o iselder â symptomau penodol sydd ychydig yn wahanol, ac felly ag enwau gwahanol hefyd. Mae anhwylder deubegwn ac anhwylder affeithiol tymhorol yn ddwy enghraifft.

## ANHWYLDER DEUBEGWN

Mae pobl ag anhwylder deubegwn yn profi uchafbwyntiau, sef cyfnodau manig, ac isafbwyntiau, cyfnodau o iselder eithafol. Yn ystod cyfnod manig, gall rhywun ag anhwylder deubegwn deimlo'n hapus iawn, yn llawn cyffro ac yn hyderus. Mae'r anhwylder yn gallu gwneud i bobl deimlo'n oruwchddynol ac yn amhosib eu brifo. Weithiau, bydd pobl sydd mewn cyfnod manig yn siarad yn gyflym iawn, yn teimlo bod eu meddyliau'n rasio, ac yn aflonydd iawn. Mae llawer o bobl ag anhwylder deubegwn neu'n byw gyda rhywun sydd â'r anhwylder. Gallai fod yn haws ei reoli trwy ddysgu mwy amdano a sut mae'n effeithio ar bobl.

Mae anhwylder deubegwn hefyd yn achosi pyliau o iselder, sy'n tueddu i bara'n llawer hirach. Gallai rhywun deubegwn fynd o fod yn hynod hyderus yn ystod cyfnod manig i fod â hunan-werth isel iawn a theimlo'n euog ac yn ddagreuol yn ystod cyfnod o iselder. Mae'n beth cyffredin i unigolyn deubegwn edrych yn ôl ar gyfnod manig a theimlo cywilydd neu ddryswch ynglŷn â'i ymddygiad. Mae'n anodd delio ag iselder a mania, ac mae anhwylder deubegwn yn aml yn cael ei drin â meddyginiaeth a therapi siarad.

DDYLEN NI BYTH ORFOD TEIMLO CYWILYDD O BWY YDYN NI.

MAE ANHWYLDER DEUBEGWN YN EFFEITHIO AR TUA 1 O BOB 100. MAE ENWOGION FEL DEMI LOVATO A STEPHEN FRY WEDI SÔN YN AGORED AM FYW GYDA'R ANHWYLDER.

## Anhwylder affeithiol tymhorol

Mae llawer o bobl yn teimlo ychydig yn ddigalon yn ystod misoedd y gaeaf, pan fydd y tywydd yn oerach a'r dyddiau'n fyrrach. Ond mae rhai yn byw gyda math o iselder o'r enw anhwylder affeithiol tymhorol (*SAD: seasonal affective disorder*) sy'n achosi iddyn nhw brofi cyfnodau o iselder ar adegau penodol o'r flwyddyn. Mae pobl o bob cwr o'r byd yn profi anhwylder affeithiol tymhorol ond mae'n fwy cyffredin ymysg pobl mewn gwledydd yn y gogledd sy'n cael llai o olau haul yn ystod y gaeaf. Mae symptomau anhwylder affeithiol tymhorol yr un fath â symptomau iselder, ond mae tuedd iddyn nhw ddechrau yn ystod misoedd yr hydref a'r gaeaf a phara tan y gwanwyn pan fydd y dyddiau'n dechrau ymestyn eto.

Mae anhwylder affeithiol tymhorol yn cael ei drin yn union fel y mathau eraill o iselder – gyda chymysgedd o feddyginiaeth a therapi siarad. Ond mae'n bosib ei drin gyda therapi golau hefyd. Mae therapi golau yn defnyddio blwch golau sy'n gweithredu fel golau'r haul ac sy'n sbarduno rhyddhau'r cemegyn serotonin yn yr ymennydd. Mae hyn yn helpu pobl ag anhwylder affeithiol tymhorol i deimlo'n well ac i gysgu'n well.

YN Y DEYRNAS UNEDIG, MAE DROS 6% O BOBL YN BYW GYDAG ANHWYLDER AFFEITHIOL TYMHOROL. MAE'N FWY NA DIM OND 'Y FELAN' DROS Y GAEAF AC MAE'N GYFLWR IECHYD MEDDWL CYDNABYDDEDIG.

# MANau

Os wyt ti'n byw gydag iselder, mae'n bosib y byddi di'n profi llawer o feddyliau negyddol digroeso. Mae'r meddyliau hyn yn ymddangos yn ddiwahoddiad, ac yn gallu gwneud i ti deimlo'n ofidus iawn. Meddyliau **AWTOMATIG** negyddol (MANau)

yw'r enw arnyn nhw ac fel mae'r enw'n awgrymu, maen nhw'n tueddu i fod yn negyddol – yn drist neu'n feirniadol – ac yn awtomatig, sy'n golygu y gallan nhw ymddangos yn gwbl ddirybudd.

## SYNIAD

MAE MANAU YN GWNEUD I TI DEIMLO'N DDRWG AMDANAT TI DY HUN NEU AM Y BYD O DY GWMPAS DI. ER ENGHRAIFFT, 'DYDY FY FFRINDIAU DDIM YN FY HOFFI I.'

Mae MANau yn gallu arwain at gylch o emosiynau negyddol ac ymddygiadau sy'n gallu bwydo iselder a'i waethygu.

## YMDDYGIAD

GALLAI'R EMOSIYNAU HYN WNEUD I TI FOD EISIAU GWNEUD PETHAU FEL AROS GARTREF AC OSGOI GWELD DY FFRINDIAU.

## EMOSIWN

MAE MANAU YN ACHOSI EMOSIYNAU FEL TRISTWCH, DICTER NEU EUOGRWYDD.

## Pan fydd MANau yn brathu

Mae'n gallu bod yn anodd delio â MANau oherwydd eu bod nhw'n gwneud i ti deimlo'n ddrwg amdanat ti dy hun. Pan fyddwn ni'n credu meddyliau negyddol, maen nhw'n magu grym, ac mae'r ymennydd yn gallu eu gwneud nhw'n arferiad. Ond mae ffyrdd o herio'r meddyliau hyn a lleihau eu grym.

## Dal, gwirio a newid

Pan fyddwn ni'n cael meddwl negyddol, mae'n bwysig ei herio yn hytrach na dim ond ei dderbyn neu gredu ei fod yn wir. Un ffordd o herio'r MANau yw drwy ddilyn tri cham: dal, gwirio a newid.

Yn hytrach na gadael i'r meddyliau hyn gylchdroi'n rhydd yn ein pen, gallwn ddewis eu dal ac edrych arnyn nhw'n ofalus. Wedyn, gallwn weld faint o wirionedd sydd ynddyn nhw. Mae angen **TYSTIOLAETH** i brofi bod y meddyliau hyn yn wir. Yn olaf, gallwn newid y meddyliau i fod yn rhai mwy cadarnhaol.

### DAL
PAN FYDDI DI'N PROFI MAN, CEISIA EI NODI. CADWA GOFNOD OHONO AR DDARN O BAPUR.

E.E. "DOES NEB YN FY HOFFI I."

### GWIRIO
CHWILIA AM RESYMAU PAM NAD YW'R MAN YN WIR.

"MAE FY FFRINDIAU A FY NHEULU WASTAD YN GOFYN SUT HWYL SY ARNA I, A DAETH FY FFRINDIAU I GYD I FY MHARTI PEN-BLWYDD YR WYTHNOS DIWETHAF."

### NEWID
YDY HI'N BOSIB I TI NEWID Y MEDDWL I FOD YN UN MWY CADARNHAOL?

"DWI'N BERSON HOFFUS. MAE FY FFRINDIAU YN MEDDWL Y BYD OHONA I."

# MATTHEW

Matthew ydw i a dwi wedi bod yn gweld cwnselydd oherwydd fy iselder. Mae bod ag iselder yn golygu fy mod i'n ddi-hwyl yn aml iawn, ac weithiau, yn hollol ddideimlad. Mae iselder yn teimlo ychydig bach fel cael cwmwl du uwch fy mhen neu sach fawr yn llawn cerrig yn pwyso arna i. Dydw i ddim yn gwybod pryd yn union daeth y cwmwl iselder. Ond ychydig cyn iddo ddod, dwi'n cofio teimlo'n bryderus iawn am y profion diwedd blwyddyn a oedd i ddod yn yr ysgol ac roeddwn i'n poeni am ddechrau'r ysgol uwchradd hefyd.

Dechreuodd fy iselder fel llais bach yn fy mhen, yn dweud 'mod i'n fethiant ac yn dda i ddim. Roedd fy ffrindiau am chwarae gyda fi amser egwyl ond roeddwn i wastad eisiau bod yn y llyfrgell. Yn y pen draw, fe wnaeth fy ffrindiau roi'r gorau i ofyn i fi chwarae, a dywedodd y llais bach yn fy mhen nad oedden nhw'n fy hoffi i mwyach.

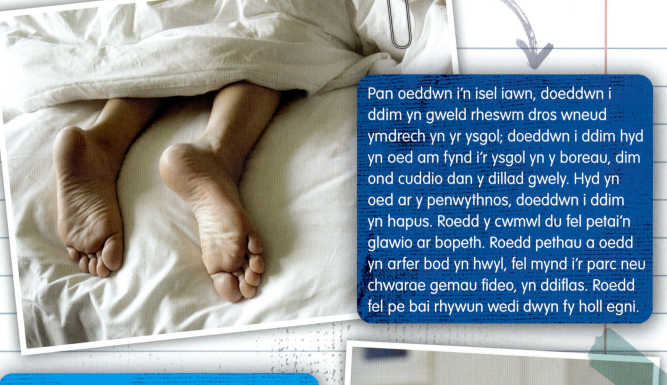

Pan oeddwn i'n isel iawn, doeddwn i ddim yn gweld rheswm dros wneud ymdrech yn yr ysgol; doeddwn i ddim hyd yn oed am fynd i'r ysgol yn y boreau, dim ond cuddio dan y dillad gwely. Hyd yn oed ar y penwythnos, doeddwn i ddim yn hapus. Roedd y cwmwl du fel petai'n glawio ar bopeth. Roedd pethau a oedd yn arfer bod yn hwyl, fel mynd i'r parc neu chwarae gemau fideo, yn ddiflas. Roedd fel pe bai rhywun wedi dwyn fy holl egni.

Dechreuais weld cwnselydd ar ôl i athrawes sylwi 'mod i'n aros i mewn amser egwyl ac amser cinio. Doeddwn i ddim eisiau mynd i ddechrau, ond esboniodd fy athrawes fod cwnselwyr yno i helpu pobl i deimlo'n well pan oedden nhw'n isel. Mae fy nghwnselydd yn glên iawn a dwi'n teimlo ychydig bach yn well yn barod. Gyda'i help hi, dwi'n meddwl y galla i wneud i'r cwmwl du ddiflannu.

MAE PROFION AC ARHOLIADAU'N ACHOSI STRAEN NEU BRYDER I LAWER O BLANT. OS WYT TI'N CAEL DY LETHU, GOFYN I ATHRO AM HELP.

23

# MAGLAU

## TRYCHINEBU

Pan fyddi di'n isel dy ysbryd, mae'n hawdd i feddyliau negyddol dy gaethiwo. Weithiau, mae ein meddyliau negyddol yn cael eu **GORLIWIO**. Rydyn ni'n cael ein caethiwo mewn maglau meddwl sy'n gwneud i bethau edrych yn waeth nag ydyn nhw. Er enghraifft, mae'n bosib y byddi di'n edrych ymlaen at ymuno â chlwb ar ôl ysgol newydd sbon ond yna'n dechrau poeni y byddi di'n dda ac na fydd neb yn siarad â ti. Trychinebu yw'r enw ar y fagl meddwl hon am ei bod hi'n gwneud i ti ddisgwyl y sefyllfa waethaf oll – trychineb! Mae trychinebu'n fagl sy'n gwneud i ti gredu, ar gam, y bydd pethau'n mynd o chwith hyd yn oed pan does dim awgrym y bydd hynny'n digwydd.

Yn ffodus, gallwn ddefnyddio'r dull 'dal, gwirio a newid' i'n hatal rhag cael ein dal yn y fagl meddwl hon. Gallwn hefyd ofyn cwestiynau fel: "Beth byddwn i'n ei ddweud wrth rywun arall sydd yn yr un sefyllfa â fi? Fyddwn i'n dweud wrtho fod rhywbeth drwg yn mynd i ddigwydd, neu a fyddwn i'n ceisio cynnig cysur iddo?"

# Meddwl y cwbl neu ddim

Mae meddwl y cwbl neu ddim yn fagl gyffredin arall. Un enghraifft ydy meddwl dy fod di'n fethiant ar sail un camgymeriad bach. Er enghraifft: "Dwi wedi anghofio gwneud fy ngwaith cartref. Dwi'n fethiant!" Dyma enghraifft o feddwl y cwbl neu ddim – os nad wyt ti'n berffaith, rwyt ti'n tybio dy fod di'n fethiant llwyr. Mewn gwirionedd, dwyt ti ddim y naill na'r llall. Does neb yn berffaith, ac mae pawb yn gwneud camgymeriadau.

Pan fydd rhywbeth yn mynd o'i le, mae'n hawdd dweud, 'does dim byd byth yn mynd yn iawn' ond mae hyn hefyd yn feddwl y cwbl neu ddim. Mae'n bwysig cofio'r adegau pan mae pethau'n mynd yn iawn ac osgoi'r fagl meddwl y cwbl neu ddim i amddiffyn ein hunain rhag mynd yn sownd mewn cylch o negyddiaeth.

Gallwn herio meddyliau y cwbl neu ddim drwy newid y geiriau. Er enghraifft, gallwn newid, 'does dim byd byth yn mynd yn iawn' i 'dydy pethau ddim yn mynd yn ôl y bwriad weithiau, ond maen nhw weithiau.' Ceisia feddwl am yr holl droeon yr aeth pethau'n iawn, ar ôl i ti fod yn poeni amdanyn nhw. Gall hyn dy helpu i edrych ar bethau mewn ffordd fwy cadarnhaol.

WEITHIAU, MAE MEDDWL DU A GWYN YN ENW ARALL AR FEDDWL POPETH NEU DDIM.

25

# ISELDER AC ENCILIO

Rhai o symptomau iselder yw eisiau llonydd a theimlo'n flinedig ac yn brin o egni. Oherwydd hyn, mae pobl ag iselder yn gallu treulio mwy o amser ar weithgareddau **UNIGOL** fel bod ar-lein, defnyddio'r cyfryngau cymdeithasol, gwylio'r teledu, darllen a chwarae gemau. Er nad oes dim o'i le ar y gweithgareddau hyn, ddylen nhw ddim cymryd lle gweithgareddau cymdeithasol yn llwyr – chwaraeon, ymuno â chlybiau a threulio amser gyda ffrindiau a theulu. Ond oherwydd bod angen llawer o egni ar weithgareddau cymdeithasol, dyma'r pethau cyntaf y bydd pobl yn rhoi'r gorau iddyn nhw pan fyddan nhw'n teimlo'n isel.

MAE'N HAWDD AROS YN EIN MAN CYSURUS PAN FYDDWN NI'N TEIMLO'N ISEL. OND HIRA'N BYD RYDYN NI'N AROS YNDDO, MWYA'N BYD Y BYDDWN NI'N OFNI GWEITHGAREDDAU ERAILL.

Weithiau pan fydd y byd yn teimlo'n ormod, rydyn ni'n hoffi ymgolli ar-lein. Mae hynny'n gallu bod yn beth da – mae angen seibiant ar bawb weithiau, ac mae rhai gwefannau'n cynnig cymorth a chefnogaeth i bobl â chyflyrau iechyd meddwl fel iselder. Ond mae anfanteision i dreulio amser ar-lein hefyd, ac weithiau mae'n gallu gwneud ein hwyliau ni'n waeth.

26

Mae treulio amser ar-lein yn gallu bod yn hwyl, ond mae hefyd yn gallu rhoi darlun **CAMARWEINIOL** o'r byd go iawn. Er enghraifft, efallai y byddwn ni'n darllen llawer o straeon newyddion ar-lein am bethau ofnadwy sy'n digwydd yn y byd, sy'n gallu gwneud i ni deimlo yn fwy pryderus. Ond mae'n bwysig cofio bod llawer o bethau da yn digwydd bob dydd, ond dydy'r rhain fel arfer ddim yn hawlio'r penawdau.

Wrth dreulio llawer o amser ar y cyfryngau cymdeithasol, efallai y byddwn ni'n cymharu ein hunain ag enwogion, ffrindiau, aelodau o'r teulu a dieithriaid. Gan fod pobl fel arfer yn postio negeseuon am ddigwyddiadau hwyliog, mae'r cyfryngau cymdeithasol yn gallu gwneud i fywydau ein ffrindiau edrych yn well o lawer nag y maen nhw mewn gwirionedd. Mae hynny'n gallu gwneud i ni deimlo ein bod ni'n colli allan. Dydy bywyd neb yn berffaith a dim ond y darnau da mae pobl yn tueddu i'w rhannu.

# DELWEDDU A MEDDYLGARWCH

Pan fyddwn ni'n isel ein hysbryd, mae'n gallu teimlo fel pe bai popeth o'n cwmpas ni'n mynd o'i le neu'n ddrwg, rywsut. Mae ymarfer y dechneg ganlynol yn un ffordd o ddangos sut mae'r ymennydd yn gweithio pan fyddi di'n isel dy ysbryd:

## CAM 1:

DECHREUA DRWY GAU DY LYGAID A **DELWEDDU** YR YSTAFELL O DY GWMPAS. CEISIA GOFIO'R HOLL BETHAU COCH SYDD YN YR YSTAFELL. PAID AG EDRYCH O DY GWMPAS CYN I TI GAU DY LYGAID! PAN FYDDI DI'N AGOR DY LYGAID ETO, BYDDI DI'N CANOLBWYNTIO AR YR HOLL BETHAU COCH. MAE HYN YCHYDIG YN DEBYG I'R HYN SY'N DIGWYDD PAN MAE ISELDER ARNAT TI. PAN FYDDI DI'N TEIMLO'N DRIST A DY FEDDYLIAU'N NEGYDDOL IAWN, BYDD DY SYLW DI'N TROI AT BETHAU NEGYDDOL O DY GWMPAS.

## CAM 2:

MAE'N DEBYG Y BYDDI DI'N DECHRAU SYLWI AR LAWER O BETHAU COCH ROEDDET TI HEB EU GWELD O'R BLAEN. NAWR, BOB TRO RWYT TI'N SYLWI AR RYWBETH COCH, CEISIA DDELWEDDU RYWBETH DA — RHYWUN RWYT TI'N EI GARU, TEIMLAD CAREDIG, NEU RYWBETH DA SYDD WEDI DIGWYDD YN DDIWEDDAR. GYDAG AMSER, DRWY DDEFNYDDIO'R DECHNEG HON, EFALLAI Y BYDDI DI'N GALLU NEWID RHAI O DY BATRYMAU MEDDWL I FOD YN RHAI MWY CADARNHAOL.

## Delweddu glôb eira

Meddylgarwch yw'r arfer o ganolbwyntio ar y presennol, yn hytrach na phoeni am y dyfodol neu hel meddyliau am y gorffennol, er mwyn ymlacio a bod yn gadarnhaol. Os wyt ti'n isel neu'n orbryderus, mae'n gallu teimlo weithiau fel pe bai storm yn rhuo yn dy feddwl. Mae'r math hwn o feddylgarwch yn defnyddio delweddu i helpu i dawelu dy feddwl a dy gorff ar yr un pryd.

## CAM 1:

MAE ANGEN I TI GAU DY LYGAID A DELWEDDU DY HUN YN YSGWYD GLÔB EIRA. DYCHMYGA'R EIRA'N CHWYRLÏO O AMGYLCH Y BWTHYN BACH YN Y CANOL — GOLYGFA EITHAF GWYLLT. NAWR, ANADLA I MEWN AC ALLAN, GAN DDELWEDDU DY FOD YN DAL Y GLÔB EIRA'N LLONYDD AR GLEDR DY LAW.

## CAM 2:

WRTH WNEUD HYN, TRO DY SYLW AT DY GYHYRAU GAN GEISIO'U CADW MOR LLONYDD A THAWEL AG SY'N BOSIB. DYCHMYGA'R EIRA'N LLUWCHIO'N ARAF AR WAELOD Y GLÔB EIRA WRTH I TI YMLACIO POB CYHYR. MAE HON YN OLYGFA FWY TAWEL O LAWER.

# ISELDER

Er bod llawer mwy o ymwybyddiaeth erbyn hyn o gyflyrau iechyd meddwl fel iselder a'u heffaith ar bobl, mae llawer o bobl yn dal i deimlo eu bod nhw'n methu trafod eu teimladau yn agored. Mae peidio â sôn am iselder yn creu **STIGMA** ac mae'n gallu gwneud i bobl ag iselder deimlo'n unig iawn. Mae'n bwysig cofio nad yw bod ag iselder yn golygu dy fod di'n wan neu'n ddiffygiol mewn unrhyw ffordd. Yn wir, mae angen bod yn gryf iawn i frwydro iselder, ac mae pobl ag iselder yn ddewr iawn.

Mae trafod dy iechyd meddwl yr un mor bwysig â thrafod dy iechyd corfforol. Mae'n bosib y bydd iselder yn gwneud i ti deimlo dy fod di'n methu sôn am dy deimladau neu na fydd neb yn deall, ond dydy hyn ddim yn wir. Rydyn ni'n sôn am boen yn ein corff, felly dylen ni sôn hefyd wrth bobl am boen yn ein meddwl. Mae trafod sut rydyn ni'n teimlo yn gallu gwneud pethau anhygoel i'n hiechyd meddwl a'n lles.

# GEIRFA

**AMRYWIAETH** — elfennau gwahanol

**AR LAFAR** — gan ddefnyddio geiriau

**AWTOMATIG** — heb feddwl neu reolaeth ymwybodol

**CAMARWEINIOL** — ffug

**CEMEGION** — sylweddau mae'r corff yn eu creu

**CORFFOROL** — yn ymwneud â'r corff

**CYFNOD** — ysbaid o amser

**CYFRYNGAU** — dulliau o gyfathrebu, fel cylchgronau, papurau newydd, teledu, radio a'r rhyngrwyd

**CYMHELLIANT** — y teimlad o fod ag awydd gwneud rhywbeth

**DELWEDDU** — dychmygu mewn ffordd fyw

**DIDEIMLAD** — heb deimlad corfforol neu emosiynol

**DIFATER** — didaro, heb ddangos na theimlo diddordeb neu frwdfrydedd

**DIFRIFOL** — (cysylltiedig â rhywbeth drwg) enbyd, llym iawn neu ddwys

**DROS DRO** — yn parhau am gyfnod byr yn unig

**DWYS** — dwfn iawn, e.e. teimladau

**GENYNNOL** — yn cael ei drosglwyddo o riant i'w blentyn drwy'r genynnau

**GLWCOS** — siwgr syml sy'n ffynhonnell egni bwysig mewn organebau byw

**GORLIWIO** — ymddangos yn fwy, yn well neu'n waeth nag y mae mewn gwirionedd

**HWYLIAU ORIOG** — newidiadau cyflym a dramatig yn ein teimladau

**LLINELL GYMORTH** — gwasanaeth ffôn sy'n rhoi help i bobl mewn angen

**OPTEGYDD** — un sy'n dod o hyd i broblemau yn y llygaid

**STIGMA** — credoau negyddol am rywbeth a'r rheini yn aml yn annheg

**SYSTEM DREULIO** — system organau yn y corff sy'n ymddatod bwyd yn elfennau i'w hamsugno a'u defnyddio i greu egni

**TYSTIOLAETH** — gwybodaeth neu ffeithiau sy'n cael eu defnyddio i brofi a yw rhywbeth yn wir ai peidio

**THERAPYDD** — rhywun sydd wedi ei hyfforddi i drin cyflyrau iechyd meddwl

**UNIGOL** — yn digwydd neu'n bodoli ar ei ben ei hun

**WEDI EU GWRTHOD** — ddim yn teimlo anwyldeb na gofal gan neb

# MYNEGAI